Dann steh'n wir
unter meiner Brause

Dann steh'n wir unter meiner Brause

Extreme Poeme

von Norbert Heizmann

Illustrationen: Birgit Orlowski

verlag regionalkultur

Bibliografische Information der Deutschen Bibliothek
Die Deutsche Bibliothek verzeichnet diese Publikation in der Deutschen Nationalbibliografie; detaillierte bibliografische Daten sind im Internet über https://portal.dnb.de abrufbar.

Autor:	Norbert Heizmann
Titel:	Dann steh'n wir unter meiner Brause
Untertitel:	Extreme Poeme
Illustrationen:	Birgit Orlowski
Porträtfoto:	Chris Danneffel
Herstellung:	verlag regionalkultur
Satz:	Moritz Noll, vr
Umschlag:	Norbert Heizmann,
	Andrea Sitzler, vr
Endkorrektorat:	Kiriaki Fischer, vr

Diese Publikation ist auf alterungsbeständigem und säurefreiem Papier (TCF nach ISO 9706) gedruckt entsprechend den Frankfurter Forderungen.

ISBN 978-3-95505-289-8

© 2021. Alle Rechte vorbehalten.

verlag regionalkultur
Heidelberg – Ubstadt-Weiher – Stuttgart – Speyer – Basel

Verlag Regionalkultur GmbH & Co. KG
Bahnhofstraße 2 · 76698 Ubstadt-Weiher ·
Telefon (07251) 36703-0 · Fax 36703-29 ·
E-Mail: kontakt@verlag-regionalkultur.de ·
Internet: www.verlag-regionalkultur.de

Frage an Karl Valentin:
Herr Valentin, warum tragen Sie eine Brille ohne Gläser?

Antwort:
Besser als gar nix!

*Mit besonderem Dank an Birgit Orlowski,
Notker Homburger und Bernd Wengert,
die mich alle zur Veröffentlichung dieser
Gedichte genötigt haben.*

Ein Vorwort ist am Anfang Pflicht,
doch bräuchte man es meistens nicht!

Vorwort

Was bringt, so fragt man, wie mir deucht,
an dieser Stelle sich vielleicht,
so einen Mann wie mich dazu,
so einen Mann wie ich und du,

Moment, natürlich eigentlich
nicht so wie du, nur so wie ich,
kurzum, was bringt, ganz ohne Schmuh,
mich selber ab und zu dazu,

an Wörter Wörter anzuhängen
und sie in Strophen dann zu zwängen,
dass sie in Zeilen sich sogar
gemeinhin reimen Paar für Paar?

Genau, das könnte sozusagen
im Grund genommen man sich fragen.
Zu fragen mag man auch geruhn:
Hat der Poet sonst nichts zu tun?

Hat er, muss er sich fragen lassen,
in seinem Schrank noch alle Tassen?
Hat er im Hirn statt Licht nur Schatten?
An seinem Zaun noch alle Latten?

Man könnte fragen kurz und um
als Resümee nach dem: Warum?

Wer so zu fragen sich erfrecht,
der wisse nun: Er fragt zu Recht!
Die Antwort lautet einfach, schlicht:
Ja, Menschenskind!

Warum denn nicht?

Kapitel	Seite
1. Trichter-Triptychon mit Ober- sowie Unterregister	13
2. Es ist der Mensch, so scheint es hier, ein recht komplexes Säugetier	21
3. Zuweilen dominieren kann es des heterosexuellen Mannes oft schlicht gestricktes Psychogramm: Tu vois? Voilà: Cherchez la Femme	43
4. Vögeln sollten öfters wir, jedoch auch andrem Getier in Feld und Flur und Schneisen unsern Respekt erweisen	55
5. Mehr oder weniger suspekte Persönlichkeiten und Subjekte, exzentrisch, selten auch normal, von heut und anno dazumal	71
6. Schon wieder frönt die Unke dem gepflegten Trunke	91

7.	In Costentz beim Conzilium kam es im Domizilium und auch im Freien manches Mal zu Schäden, die kollateral	103
8.	Nach dem Sommer kommt der Herbst und, wenn du danach nicht sterbst, kommt dahinter der Winter	109
9.	Von schlafenden und aufgeweckten und gegenständlichen Objekten und lyrisch tragische Geschichtchen von Nahrungsmitteln, Frucht und Früchtchen	119
10.	Oh, wie fröhlich, oh wie froh, dulci ist der jubilo, man vor Freud ins Höslein pieselt, weil der Schnee so leise rieselt	129

Zum Autor   143

1   **Trichter-Triptychon
    mit Ober- sowie Unterregister**

Aufbau des Trichter-Triptychons

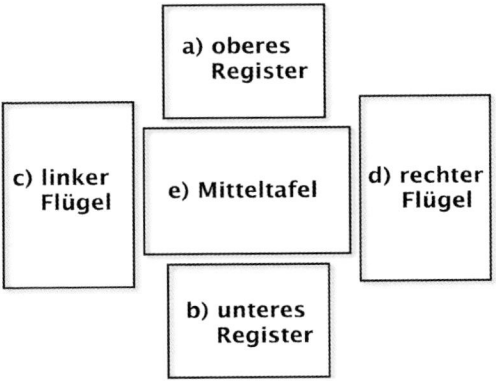

a) Oberes Register

Trichter, der
Substantiv, Maskulinum

lat.:   **traiectorium**
ahd.:   **trahtari**
mhd.: **trihter**

diesem rohr, das oben weit,
unten eng ist und bereit,
aufzunehmen flüssigkeit,
die es in gefäße speit,
welche selber insoweit
eng im hals sind anstatt breit,
die bezeichnung angedeiht:
„trichter",
jetzt wisst ihr bescheid.

*

b) Unteres Register

Solitär
oder
Hommage an Morgenstern

z.
b.
es
steht im
mondenschein / ein
trichter, doch warum allein?
er ist alleine, denn den zweiten /
hat er verloren in den weiten / des
trichterkosmos, unser tropf, / drum steht
er nämlich auf dem kopf / und über ihm, da
glänzt schon fern / am firmament der morgenstern.

*

c) Linker Flügel

Abendruh

Am Trichter sitzend kann ich sehn
die rote Sonne untergehn.
Der Schwan ins Nass das Haupt noch tunkt,
zum Abendgruß die Unke unkt,

die Mücke sticht noch in ein Bein,
und zwar in meins, ach, wie gemein,
die Ente quakt und geht zur Ruh,
der Reiher fliegt dem Schlafplatz zu,

dicht über mich führt ihn sein Flug,
ich ducke mich, das scheint mir klug,
die Bahn setzt fort er durch den Äther,
Gott sei Dank kotzt er erst später!

*

d) Rechter Flügel

Vom Berge hoch

Vom Berge hoch herab er fließt
und in den weiten See ergießt
der Strom sich und er fühlt sich weit
und lang und groß und tief und breit

und wiegt sich sanft im Bett und träumt,
zuweilen er im Wind sich bäumt
und jauchzt und tanzt und schäumt sich grau,
dann wieder liegt er funkelblau

und strömt des Weges satt und glatt
auf Konstanz zu, der Hussen-Stadt.
Dort wird er dann, fühlt er ernüchtert,
bebrückt und endlich eingetrichtert.

*

b) Mitteltafel

Ein dichter Dichter

In Konstanz sitzt am Trichter*
bei Mondenschein ein Dichter,
aufs Dichten ein erpichter,
im Innern fühlt die Pflicht er,
doch spürt die Muse nicht er,
drum fühlt sich nur als Wicht er.

Im Rucksack, zu sich spricht er,
steckt noch ein Wein, ein schlichter,
ein unveröffentlichter,
fest stellt es am Gewicht er
und in die Flasche sticht er
den Kork im Glanz der Lichter,

drauf leert sie laut Bericht er,
entspannt ist im Gesicht er,
jetzt wird der Dichter dichter,

dann bricht er in den Trichter.

*

> * *Konstanzer Trichter: Hafenbucht vor der Bodensee-Metropole Konstanz*

2 Es
ist
der
Mensch,
so
scheint
es
hier,
ein
recht
komplexes
Säugetier

Die einen und die andern

Die einen ohne Zweck und Sinn
nur vegetieren vor sich hin,
indem sie Nahrungsmittel kauen
und diese schließlich auch verdauen,

empfinden schließlich dann zum Schluss
beim Defäkieren noch Genuss,
sie pflanzen fort sich instinktiv
mit Trieben, die recht primitiv.

Die andern, wie ich resümiere:
Richtig!
Das sind dann die Tiere!

*

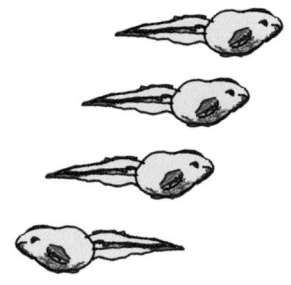

Warum?

Ein jeder, der bereits zur Gänze
durchschritten hat die Mittelgrenze
des Lebens, der, so wie man weiß,
stellt fest in seinem Freundeskreis,

es häuft so seltsam die Methode
des Sterbens sich als neue Mode.
Es stellt bei dem Mysterium
die Frage sich nach dem „Warum?".

Wo doch die Leute mit dem Sterben
ihr ganzes Leben sich verderben!

*

Grabsprüche I

Mein Hermann war oft aggressiv,
jetzt liegt er einen Meter tief,
doch mach ich mir Gedanken drüber,
noch tiefer wär mir fast noch lieber.

*

Der Wilhelm ruht in dieser Gruft,
oft war er untreu, dieser Schuft.
Nur kurz war seine Todesqual,
das ist bei Zyanid normal.

*

Den Metzger Peter gibt's nicht mehr,
sein Grab hier, das ist trotzdem leer.
Denn er fiel in den Fleischwolf gar,
drum ruht er sanft jetzt im Tartar.

*

Hier liegt mein Hans, der Schmerz ist groß,
er joggte durch das Tägermoos*.
Es hat beendet sein Gezappel
der Ast einer hybriden Pappel.

*

* *Tägermoos: Grenzgebiet in der Schweiz, das
teilweise auf Konstanzer Gemarkung liegt*

Die einsame Ziege

Ein junger Mann sprach: Ohne Lüge,
ich fühle mich, ganz ohne Schmuh,
wie eine sehr einsame Ziege,
so gab er unumwunden zu.

Man fragte ihn, was das bedeute,
ob das sein Ernst sei oder Spaß?
Ob er Veganer sei ab heute
und fräße deshalb bloß noch Gras?

Ein andrer sagte, jede Wette,
vermutlich sei er nur gestresst,
weil einer ihn gemolken hätte
und Geld aus ihm herausgepresst.

Und jemand wähnte, ob der Knabe
durch eine Dame sei verletzt,
die auf sein Haupt womöglich habe
ihm ein Paar Hörner aufgesetzt?

Doch jener antwortete mit Kühle:
Der Grund dafür, dass ich hier hock
und einsam mich als Ziege fühle:
Ich habe einfach keinen Bock!

*

Der Rapper-Rap

Hey Alter, isch bin hier der größte
Gangsta weit und breit,
isch hab 'ne große Fresse, doch isch
bin nischt sehr gescheit.
Isch habe goldne Ketten an, isch
glaube, es sind drei,
vielleicht sind es auch mehr, doch
zählen kann isch bloß bis zwei.

Isch sage Bitch und Hurensohn und
Fuck und das macht Sinn,
weil isch für andre Wörter leider
viel zu blöde bin.
Wenn du misch komisch anschaust,
hab isch keine Toleranz,
isch hab die dicksten Muskeln aber
nur nen kleinen – Okay, okay, okay!

Der Gangsta-Rapper singt von Hass, Gewalt und Blut und Schweiß,
dafür wird er ein Superstar und
kriegt hier jeden Preis,
und wenn der Gangsta auf die Werte
der Gesellschaft brunzt,
bei andern heißt das Sauerei, bei
Gangster-Rappern Kunst.

*

Johannes, der Motorradfahrer

Johannes liebte die Natur,
weshalb er gern Motorrad fuhr.
Er liebte es den Sound zu hören,
seiner Maschine sattes Röhren,

der Auspuffrohre wildes Brüllen,
gesteuert nur durch seinen Willen,
durch Hügelgegenden zu fliegen,
in scharfe Kurven sich zu schmiegen,

in seinen Lenden das Vibrieren
der Pferdestärken zu erspüren.
Er streichelte oft frei und frank
ganz zärtlich des Motorrads Tank.

Er hatte es ganz einfach lieb,
es stillte nunmehr seinen Trieb,
seit des Hormones er entbehrte
und nicht mehr sexuell verkehrte.

*

Ein Männlein steht

Ein Männlein steht im Walde und es
steht so still und stumm,
es hat von Wolfskin eine beige
Outdoorweste um.
Sag mir, wer mag das Männlein sein, das
da steht so allein,
das da am Ende ist mit seinem
Griechisch und Latein.

Ein Männlein steht im Walde und es
steht und fährt nicht mehr,
von seinem wunderschönen E-Bike
ist der Akku leer.
Sag mir, wer mag das Männlein sein, das
da steht so allein,
es ist ein Rentner auf dem Waldweg
dort im Mondenschein.

Ein Männlein steht im Walde und es
steht so still und stumm,
die Käferlein, sie fliegen froh und
fröhlich ringsherum.
Das Männlein ist im Funkloch und drum
hat es gar kein Netz,
drum sieht man von dem Männlein nur die
Reste des Skeletts.

*

Benno Bums

Ein Herr, der Benno Bums mit Namen,
hielt sich gesittet stets im Rahmen,
man hielt ihn oft für einen Zahmen,
zuweilen gar für einen Lahmen,
auf jeden Fall ganz Wundersamen.

Doch war beliebt er bei den Damen,
auch bei ansonsten monogamen,
so kamen sie zu seinen Samen,
was ihm die Gatten übel nahmen,
das führte manchmal auch zu Dramen.

Die Psychologen übernahmen
den Fall, bis zu dem Schluss sie kamen,
dass sie das Bums als Nomen nahmen,
das ist bekanntlich Omen,
Amen!

*

Der gute Hirte

Es dient der Priester seinem Herrn,
drum hat er seine Schäflein gern.
Mit manchem Schäflein er bei Nacht
sogar ein Schäferstündchen macht.

*

Ihre Heiligkeit

Des Morgens hebt adrett und nett
der Papst sich aus dem heiligen Bett,
es zieht sodann der heilige Mann
die heilige Unterhose an,

er frühstückt einen heiligen Brei,
vielleicht sogar ein heiliges Ei,
dann putzt er seine heiligen Zähne,
dann kämmt er seine heilige Mähne,

dann schwimmt er in dem heiligen Pool,
dann macht er einen heiligen Stuhl!

*

Grabsprüche II

Der Nazi Karl ins Grab hier hupfte,
den rechten Arm zu hoch er lupfte.
Er kam, so stand es in der Zeitung,
an eine hohe Spannungsleitung,

drauf hing er an dem Gartenzaun
und war jetzt eher schwarz als braun.

*

Konstanzer Kino-Kalamitäten

Im Kino sitz ich heute still,
weil einen Film ich sehen will
und als Begleitung brav und treu
mein Schatz daneben im Fauteuil.

Weil man sich freut auf den Genuss,
gibt's vor Beginn noch einen Kuss,
behaglich in den Sitz man rutscht,
es wird ein Haribo gelutscht,

der Film beginnt, man sieht die Namen
der Schauspielherren und der -damen,
der Handlungsstrang wird konzipiert
und der Konflikt initiiert,

es hält – der Nachbarin wird warm –
der Held die Heldin schon im Arm,
das Herz des Dichters ist bewegt,
die Nachbarin, sie seufzt erregt,

kommt jetzt der Kuss?, die Spannung steigt,
crescendo das Orchester geigt –

Da!, – hört von hinten man ein „Chrrack",
ein Knispern, Knaspern und ein Chnack,
ein Knarzen, Knirzen und zwar laut,
mir sträubt das Haar sich und die Haut,

der Pegel steigt noch im Verlauf,
da – es wird leiser! Hört es auf?
Von wegen, „Chrrrack!", wie ich mich täusche,
noch stärker werden die Geräusche,

sie schwellen an, sie schwellen ab,
vor Ärger wird die Luft mir knapp,
mir ist vor lauter Ohrenqual
der Film inzwischen scheißegal,

ich ziehe virtuell mein Messer:
Diese verdammten Popcorn-Fresser!

Ich dreh mich um, da wird mir klar,
dass der Alarm ein falscher war,
dass miteinander pausenlos
zwei Eidgenossen sprechen bloß.

*

Platonische Liebe

Ein Jüngling, der sich Oskar nennt,
der liebte die Marie,
war an der Uni ein Student
in der Philosophie.

Die Liebe war jedoch speziell,
bei ihm als Philosoph,
platonisch mehr statt sexuell,
Marie, die fand das doof.

Und eines Tags sah Oskar dann
Marie, sie war voll Glück,
warum, das sah er ihr auch an,
ihr Bauch war rund und dick.

Sie sprach zu Oskar, es ist aus,
ich mach es knapp und kurz,
ich habe nämlich jetzt den Klaus,
dem ist der Platon schnurz.

*

Zeitlos

Zum Bischof sprach der Fürst: Sei's drum!
Ich halt sie arm. Halt du sie dumm!

*

Grabsprüche III

Berufe

Hier liegt der Bäckermeister Kraus,
bei dem ist jetzt der Ofen aus.

*

Es ruht in diesem Grab hienieden
der Metzgermeister Schmitz in Frieden.
Sein Lehrling Kurt hielt, das war dumm,
den Bolzenschießer falsch herum.

*

Der Briefausträger Johann Schmidt
sich oft mit einem Hunde stritt.
Jetzt liegt er hier, denn der Pitbull,
der siegte nämlich eins zu null!

*

Der Metzger Mayer, mein Gefährte,
liegt hier, weil sich ein Rindvieh wehrte.

*

SUV-Poetry

Der Egon ist als Geistesleuchte
nicht besonders hell,
die Bildzeitung, die liest er bloß
und schaut nur RTL,
kurzum, er ist jetzt nicht direkt
ein richtiges Genie,
zum Ausgleich hat er drum den al-
lergrößten SUV.

Der Willi ist ein Umweltfreund
und deshalb immerhin
frisst er vegan und trennt den Müll
und wählt auch immer grün,
deshalb ist sein Gewissen im-
mer voller Harmonie,
doch heimlich fährt er gern mit sei-
nem fetten SUV.

Der Otto träumt von guten al-
ten Zeiten immer nur,
als man mit Panzern über frem-
de Ländergrenzen fuhr.
Doch neuerdings erfüllt bei ihm
sich diese Phantasie,
denn er fährt in den Urlaub jetzt
mit einem SUV.

Der Peter hat ein großes Haus
und er hat auch viel Geld,
so gerne wäre er potent
und auch ein Frauenheld.
Doch leider ist in seiner Ho-
se kurz nur sein Pipi,
doch um so größer ist dafür
sein neuer SUV!

*

Grabsprüche IV

Berufe

Hier ruht Herr Schulz in einem Stück,
er lehrte Mathe und Physik.
Ein Ziegel fiel mit g vom Dach,
laut Newton liegt er deshalb flach.

*

In diesem kühlen Grab liegt leider
der Herzchirurg Johannes Schneider.
Zeitlebens hat er gut geschnippelt,
jetzt ist er selber abge *

*

  * *an dieser Stelle ist ein Wortfragment*
  einzusetzen, das sich auf „geschnippelt" reimt

Eisenbahn-Romantik

Die fett gedruckten und unterstrichenen Zeichenketten sind betont zu lesen, bzw. zu sprechen

Der Eisenbahner Gerhard Rauh
war immer pünktlich und genau
und auf dem Bahnhof war sein Job,
mal ungefähr umrissen grob,

in Bahnsteig-Mikrophonanlagen
Bekanntmachungen durchzusagen,
wann welcher Zug fuhr, wo und wie,
vermittels Bahnsteig-Poesie.

Das hörte nun bei diesem Mann
in etwa so, wie folgt, sich an:

AufGleiszwei-**hat**Einfahrt**der**
Regional-**Ex**pressnun**mehr**,
ausOffen**burg**plan-mäß**i**
geAn**kunft**-sechzehnUhr**sie**-

benVorsichtjetztbitte-**an**
der Steigkan**te** von der **Bahn**!

Auch wenn man es nicht glauben mag,
so sprach Herr Rauh den ganzen Tag.
Zum Beispiel sprach er so genau
auch abends dann zu seiner Frau:

AufBetteins**hat**-Einfahrt**nun,**
umsichend-**lich**auszur**uhn**,
planmäßig**e**An-kunft**sei**
zweiundzwan-**zig**Uhrnull**drei**,

einfährtGer-**hard**derrasan**te,**
Vorsichtan**der**-Bettstattkan**te**!

Sprach dann die Gattin: Gerhard, ach,
beschädigt sei das Bahnsteigdach,
dass Einfahrt heut nicht möglich sei,
dann drehte Rauh sich um dabei

und eilte aus dem Schlafgemach,
wobei er zu der Gattin sprach:

Dannnehmich, **fällt**esauch**schwer,**
denSchienenE**r**-satzver**kehr**!

*

Übrigens

Je mehr Tattoos von Hals bis Hacken,
je desto dumpfer sind die Backen.

*

Hochwürden

Hochwürden trug mit Würden
seiner Hormone Bürden.

Zunächst er sich noch so beschränkte,
indem die Köchin er bedrängte,
doch bald schon nahm er, kurz und knapp,
der Küsterin die Beichte ab.

Auch keine von den Klosternonnen
wär seinen Weihen je entronnen.
Er orgelte auf der Empore
Sopran und Alt vom Kirchenchore,

der Kirchenputzfachkraft dagegen
gab auf der Kanzel er den Segen,
sowie auch mancher Ministrantin,
einmal gar einer Protestantin.

Hochwürden machte dergestalt
nicht mal vor der Verwandschaft halt,
auch der Cousine Leonie
das Sakrament er gern verlieh.

Nur mit der Oma, seiner armen,
hatte Hochwürden stets Erbarmen.
Jedoch mit Nichten – mitnichten.

*

Freud'sche Fehlleistung

Was tätest du denn ohne mich?,
so sprach zum Ich das Über-Ich.

Ja, aber ... ich bin eigentlich,
entgegnete darauf das Ich,
doch das, worum es wirklich geht,
um das sich wahrlich alles dreht!

Ach Quatsch, die Antwort kam sofort,
nimm mal das Über-Ich als Wort,
schon rein semantisch ist fundiert
die Hierarchie doch definiert.

Doch plötzlich schaltete indes
sich in den Funkverkehr das Es
und meldete zu dem Betreff:
Es ist doch klar: Ich bin der Chef!

Und da, sprach resigniert das Ich,
verwundert es an und für sich
doch niemand hier bei der Intrige,
wenn ich eine Neurose kriege.

*

Grabsprüche V

Hier liegt der Max, es ist mein Schatz,
ersoffen auf dem Münsterplatz.
Ihm war verhältnismäßig neu,
dass plötzlich dort ein Brunnen sei.

*

Mariechen ist hier hingebettet,
ein SUV hat sie geplättet.
Jetzt liegt sie hier und in der Tat
misst sie 5 Meter im Quadrat.

*

Hier ruht der Veganer Horst,
doch den Würmern ist das Worst.

*

3   Zuweilen
    dominieren
    kann
    es
    des
    heterosexuellen
    Mannes
    oft
    schlicht
    gestricktes
    Psychogramm:
    Tu
    vois?
    Voilà:
    Cherchez
    la
    Femme

Selina – vermutlich

So brachte mir mein Bier noch keine,
mein Gott, was hatte sie für Beine!
So wohlgestaltet, schlank und glatt,
wie schimmerten sie seidig, matt,

ihr Gang voll Anmut, so grazil,
betörend ihrer Hüften Spiel,
auch des Gesäßes. Nicht genug,
vor allem auch, wie sie es trug.

Die Brüste fest, erhaben, reich,
einer antiken Göttin gleich,
ein Hals, so edel, ihr verlieh
den Hauch von Aristokratie,

ihr Haar, ein Strom aus purem Gold
umfloss ihr Antlitz stolz und hold,
ein Lob dem Gotte, hört den Ruf,
der so ein Wunderwesen schuf!

Doch just sah ich im Schein des Lichts
ins Zentrum ihres Angesichts:
Aus ihrer Nase, würg und kotz,
da hingen ihr zwei Batzen Rotz!

Moment, ach so, wo denk ich hin,
was für ein Dummerle ich bin!
Was aus der Nase hing bei ihr,
heißt Piercing und es dient zur Zier!

*

Gleitzeit

Schon lange hat er sie verehrt
und ihr den Hof gemacht,
doch hatte sie sich stets verwehrt,
bis heute auf die Nacht.

Sein Traum, er wird jetzt endlich wahr,
doch als er in sie gleitet,
ist ihr auf einmal plötzlich klar,
was Kurzarbeit bedeutet.

*

Limmer-Lyrick I

Es war bei einem Fräulein vom Tägermoos*
stets die Panik vor einem Erreger groß.
Flecken sieht sie im Licht
just an Brust und Gesicht.
Jedoch kam das von dem Schornsteinfeger bloß.

*

* Tägermoos: siehe Seite 25

Nur weil ich nicht auf Tanzen steh

Nur weil ich nicht auf Tanzen steh,
hätt ich zu wenig Pepp?
Mein Gott, dann sag ich: Geh doch, geh
zu deinem Johnny Depp!

Weil ich nicht auf Spaziergang steh,
wär ich zu wenig fit?
Mein Gott, dann sag ich: Geh doch, geh,
dann geh doch zu Brad Pitt!

Nur weil ich nicht auf Blumen steh,
und Rosen bekämst **du** nie?
Mein Gott, dann sag ich: Geh doch, geh,
dann geh doch zu George Cloony!

Du wirst schon sehn bei diesen allen,
dass sie auch nur in kurzen,
vielleicht auch langen Intervallen
auf deinem Sofa furzen.

*

Caligynephobisches Sonett

Es pocht das Blut mir flehend in den Venen,
für dich gäb ich dahin den letzten Cent,
es fallen auf den Boden von Zement
der Sehnsucht meines Busens heiße Tränen.

In deiner Nähe möcht ich mich nur wähnen,
wärst du die Guillotine – wenn ich könnt,
so würde gerne ich als Delinquent
dann lustvoll unter deinem Messer stöhnen.

Doch muss ich leider ganz alleine zechen,
ich trink zu Hause einsam den Chablis,
es quält mich die Caligynephobie*:

Die Ängste, die in Gänze mich zerbrechen,
dich wunderschöne Frau bloß anzusprechen!
Drum bleibt mir leider nur die Onanie!

*

* Caligynephobie: Angst vor schönen Frauen

6

Hanspeter war etwas perplex,
Trautgunde wollte heute 6!
Nun gut, nicht nur Trautgundes bloß,
Hanspeters Lust war gleichfalls groß.

Gesagt, getan, jedoch danach,
beim Rauchen dann Trautgunde sprach:
Das Ganze war jetzt zweifelsfrei
statt 6 doch wieder höchstens 3!

*

Limmer-Lyrick II

Es war einst eine Gattin aus Stockach,
deren Mann rannte fast jedem Rock nach.
Doch war sie nicht bang,
sie wusste schon lang:
Er war ewig schon ziemlich als Bock schwach.

*

Ach, Uschi

Ach, Uschi, du, du bist mit mir,
wohin ich fahr und geh,
du zeigst den rechten Weg mir in
des Lebens Odyssee.
Zentralgestirn bist du mir im
galaktischen System,
mein Leuchten und mein allerhell-
ster Stern von Bethlehem.

Ach, Uschi!

Du gibst mir Richtung, dort, wo ich
verzweifelte zuvor,
wo ich ein jedes Ziel, wohin
ich will, dereinst verlor.
Du bist mir Karte, du, mein Kom-
pass und bist mein Sextant,
ob Nord, ob Süd, ob Ost, ob West,
du nimmst mich an die Hand.

Ach, Uschi!

Im Geist erscheint dein Antlitz mir
wohl viele tausend mal
als Wesen, du, mein absolu-
tes Schönheitsideal.
In dem Moment, als ich auch dei-
ne Stimme nur gehört,
war ich verloren, so hast du
mein armes Herz betört.

Ach, Uschi!

Nie könnte ich mehr leben je-
mals wieder ohne dich,
nach deinem Leib und deiner Sinn-
lichkeit verzehr ich mich.
Die Wogen meiner Leidenschaft-
lichkeit, sie schlagen Schaum,
in meinen Leinen schwitze ich
gar manchen feuchten Traum.

Ach, Uschi!

Ach Uschi, du, vor Sehnsucht quä-
le ich mich wie ein Vieh,
denn küssen kann ich deine sanf-
ten, warmen Lippen nie.
Ach Uschi, du, denn du bist lei-
der als Identität
die Stimme nur in meinem Na-
vigationsgerät!

Ach, Uschi!

*

Auch das noch

Nur schwer sich Kurt daran gewöhnte,
dass Ruth beim Bügeln immer stöhnte.

*

SMS- und Whatsapp-Vorschläge zur finalen Beendigung einer Beziehung

Liebe Therese,
sei mir nicht böse
und mach kein Gewese,
oder Getöse,
weil ich mich löse!

Lieber Max,
ganz ohne Flachs,
du hast nen Knacks!
Also, ich pack's,
aber schnurstracks!

Liebe Simone,
jetzt bist du ohne,
weil ich mich schone
und ab jetzt wohne
fern deiner Zone!

Lieber Klaus,
du bist ein Graus,
mach dir nichts draus,
ich nehm Reißaus,
Tschau, deine Maus!

Liebe Maite,
mit dir Seit an Seite,
das war eine Pleite,
davon ich jetzt schreite
und suche das Weite!

Lieber Jan,
tja, so ein Mann,
der fast nie kann,
macht mich nicht an,
also, bis dann!

Liebe Katrin,
du bist mein Ruin,
ich brauch Nikotin,
drum geh ich dahin,
Zigaretten zu ziehn!

Lieber Per,
leid tut's mir sehr,
ich kann nicht mehr,
leck mich daher
kreuz und auch quer!

Liebe Brigitte,
verzeihe mir bitte,
es gibt eine Dritte
und darum ich schritte
jetzt ab durch die Mitte!

Lieber Louis,
frag mich nicht, wie,
unsre Chemie,
die stimmte nie,
fick dich ins Knie!

Lieber Lars:
Das war's!

*

Der Stern

Die Nacht ist hell, der Himmel groß
und wir so klein hier unten bloß.
Ach Liebste, ich hab dich so gern,
schau rechts dort oben jenen Stern,

ja, der da, eine Handbreit kaum
links von dem Ast am Lindenbaum,
den schenk ich dir, er ist jetzt dein,
der Stern gehört nur dir allein.

Ein Zweiglein schwankt im leisen Hauch.
Moment mal, riechst du das nicht auch?
Wie, wo? Ach das! So wie Chemie!
Ach was, viel eher doch wie Brie!

Ja, Mensch, wo kommt denn das nur her?
Aus West-Süd-West so ungefähr?
Schau, wie es hell am Himmel blinkt.
Ich hab's! Es ist der Stern, der stinkt.

*

4   Vögeln
    sollten
    öfters
    wir,
    jedoch
    auch
    anderem
    Getier
    in
    Feld
    und
    Flur
    und
    Schneisen
    unsern
    Respekt
    erweisen

Der Spatz und die Nachtigall

Zur Nachtigall sprach einst der Spatz:
So gerne wäre ich dein Schatz!
Jedoch wie es sich darauf zeigte,
die Nachtigall zum Spatz nicht neigte.

Oh Nachtigall, rief er, warum?
Bin ich als Individuum
für dich als Spatz eventuell
zu wenig intellektuell?
Entbehre ich womöglich ganz
der Eloquenz und Brillanz?

Doch wie so oft war eben nur
der Grund profanerer Natur:
Sie fand halt seinen Schniedl nich
so niedlich!

*

Der Axolotl

In Mexiko in einem Tümpel,
da lebte einst nebst viel Gerümpel
just neben einer Whiskey-Bottle
ein hübscher, junger Axolotl.

Er wünschte sich nur allzusehr,
dass er zum Lurch verwandelt wär
wie andre Mitglieder als solche
der großen Gattung Querzahnmolche.

Doch geht halt die Metamorphose
bei Axolotln in die Hose,
drum blieb seine Identität
im Stadium der Pubertät.

Als Zeugnis dieser Daseinsphase
wuchs ihm ein Pickel auf der Nase,
was unsern Axolotl grämte
und er sich drum entsetzlich schämte.

Damit man ihn nicht mehr entdeckte,
er bei der Bottle sich versteckte,
wo er sein ganzes Leben blieb
und sich die Zeit mit sich vertrieb.

Die Folge war, anstatt in Damen
versank im Schlamme nur sein Samen.
Was er nicht wusste, war, dass immer
auch Axolotl-Frauenzimmer

die Reifephase nie erleben
und trotzdem nach Vermehrung streben
und sehnsuchtsvoll das Teichgelände
durchstreiften, ob sich einer fände,

der Arterhaltung mitgestalte
und sich koop'rativ verhalte.
Sie kämen sogar in Ekstase
trotz Pickeln auf des Männchens Nase.

Doch hinter einer Whiskey-Bottle
da saß der junge Axolotl
und war, hier sei's nochmal bekräftigt,
alleine mit sich selbst beschäftigt.

So ein Trottel
der Axolotl!

*

Bonaparte

nach einer wahren Begebenheit
im Sealife-Centre Konstanz

Es war aus Bonapartes Sicht
durchaus im Rahmen seiner Pflicht,
dass er sich damals jedenfalls
verliebte über Kopf und Hals.

Denn wegen seiner Manneskraft
bloß hatte man ihn angeschafft,
damit er nämlich sich vermehre
im zweigeschlechtlichen Verkehre.

Das war zumindest die Idee
im Sealife-Centre Bodensee,
denn schließlich war er immerhin
ein maskuliner Pinguin.

Kaum angekommen im Gegitter,
da traf's ihn wie ein Blitzgewitter,
es schwankten Bonapartes Knie,
in dem Moment, da sah er – sie!

Es schlug das Herz von Bonaparte
gewaltig unter seiner Schwarte,
denn schließlich hatte sich gezeigt,
auch sie war nicht ganz abgeneigt.

Wie samten glänzte nur die Haut
der auserwählten jungen Braut,
ei, wie sie quietschte doch so lieb,
wenn er sich manchmal an ihr rieb.

Doch leider war, was nicht erheitert,
die Fortpflanzung an sich gescheitert,
denn bei der Braut, da fand er schlicht
die Öffnung, die er suchte, nicht.

Das heißt, ein Loch er doch entdeckte,
jedoch des Pflegers Fuß drin steckte,
weil seine Braut zwar wunderbar,
jedoch ein Gummistiefel war.

*

Nachruf

Mein treuer Boxer Tassilo,
dein Frauchen, das vermisst dich so!
Wie grau und einsam ist die Welt,
seitdem mein Liebling nicht mehr bellt.

Ich teilte mit ihm Napf und Bett,
sein Tod ist Rätsel mir komplett.
Ich hab ihn, dass er nichts entbehrt,
sogar doch rein vegan ernährt!

*

Der Nacktmull

Der Nacktmull sagte, es ist Fakt,
mir ist so kalt, denn ich bin nackt!
Ich muss ins Schicksal mich ergeben,
doch meine Kinder sollen eben

in ihrem Leben unterm Strich
es besser haben als wie ich.
Worauf er sich gestattete,
dass er ein Schaf begattete.

*

Richtigstellung

Ich hab's tatsächlich ausprobiert,
und endlich jetzt verifiziert!
Ich habe ihn zunächst halbiert,
paniert, gebraten und frittiert,

ihn unter Köcheln reduziert,
tranchiert, pochiert, portioniert,
flambiert, blanchiert und ziseliert,
glasiert, sautiert und filetiert,

mit Salz und Kruste gratiniert,
ihm Pflaumen in den Bauch drapiert,
ihn vakuumiert, vaporisiert,
püriert und karamellisiert,

ihn präpariert und repariert,
geliert, skalpiert, grundiert, lackiert:

In keiner Pfanne, nachweisbar,
der Hund verrückt geworden war!

*

Waidmannsdank

Karl F. aus K. im grünen Rock
war auf der Pirsch nach Sau und Bock.
Seit Stunden hatte er geharrt,
vom Hochsitz ins Gehölz gestarrt,

des Misserfolges angesichts
sprach er: Dann war's halt wieder nichts!
Da! Hat ein Zweig sich nicht bewegt?,
so wähnte es Karl F. erregt.

Ganz ohne Zweifel, wie ihm deuchte,
ein Reh durchs Unterholz entfleuchte.
Ganz deutlich sah er doch das Fell,
er drückte ab, es ging ganz schnell.

Zufrieden dachte er indessen,
mein lieber Mann, der hat gesessen!
Doch plötzlich schrill und grauenvoll
ein tierisches Geheul erscholl.

Karl F. in seinem Hochversteck
erkannte dieses voller Schreck.
Entsetzen fuhr ihm durchs Gebein,
dies konnte doch ein Wolf nur sein!

Ein Wolf! Ihm fuhr's durch Haar und Haut.
Ein Wolf! Er war im Nu ergraut.
Ein Wolf! Ihn schüttelte das Zittern.
Ein Wolf! Er sah sich hinter Gittern!

Die Grünen, Greenpeace, PETA und
die Fahrradfahrer und der BUND,
die Vogelschützer, UNICEF,
der NABU, und das WWF,

sie würden ihn als Mordgesellen
an jeden Medienpranger stellen!
Sein Leben war nun garantiert
und seine Zukunft ruiniert.

Doch als er sich zu nähern traute
und seine Beute sich beschaute,
war die Erleichterung doch groß,
es war ein Nordic-Walker bloß.

*

Die Gourmet-Ecke

Man nehme, denn es soll sich lohnen,
für, sagen wir, vier Portionen
zunächst für unsre Marinade
ein Quantum Buttermilch gerade.

Für den Geschmack geboten wären
ein Esslöffel Wacholderbeeren,
ein Drittel Teelöffel, und zwar
vom Pfeffer, der gemahlen war,

desweiteren, falls disponibel,
noch eine ordentliche Zwiebel,
eine Karotte auch, sowie
die Knolle einer Sellerie,

auch Petersilie indessen
darf man auf keinen Fall vergessen,
natürlich auch noch etwas Salz
und Butter, optional auch Schmalz,

ein Steinpilz, und zwar unbedingt,
getrocknet, dass das Mahl gelingt,
ein Löffel Mehl, der dezidiert
in Sauerrahm wird eingerührt.

Als Allerwichtigstes kommt jetzt
ganz klar die Hauptsache zuletzt:
Nachdem nach einer man getrachtet,
erlegt sie hat und dann geschlachtet,

und einen Zeitraum, nicht zu langen,
gewartet, bis sie abgehangen,

man nun zum letzten Akte schreitet,
dann wird sie endlich zubereitet,
mit Kopf und Schwanz bis hin zur Tatze:
Die dicke, fette Mietze-Katze!

Guten Appetit!

*

Hugo I

Freund Hugo, oh, du stolzes Tier,
des Stalles und der Weide Zier,
Beglücker aller tugendsamen
und demutsanften Ziegendamen,

man legte still jetzt in der Tat
dir deinen Zeugungsapparat.
Nie wieder ziehst du nunmehr blank,
die Ziegen sind jetzt sehnsuchtskrank,

und all das Unglück kam nur dank
dem bisschen Ziegenbock-Gestank!

Hugo II

Seitdem bei Hugo nun die Kraft
der Fortpflanzung ist abgeschafft
und er durch Zeugungsunterbruch
gewann an edlem Wohlgeruch

und seitdem deshalb an mir schnüffelt
die Partnerin, ob da was müffelt
und dabei schielt mit arger List
zur Lade, wo das Messer ist,

seitdem ich mir stets auferlege
sehr ausgedehnte Körperpflege.

*

Relative Sensation

Es heißt, die Kakerlake sei
rein wissenschaftlich zweifelsfrei
als Glied der Evolution
die absolute Sensation.

Hackt man dem Tier das Köpfchen ab,
dann macht es lange noch nicht schlapp,
man sagt in dem Zusammenhang,
dann lebt es noch neun Tage lang.

Doch wenn man das einmal vergleicht,
das ist doch gar nichts, wie es deucht:
Manch Mensch lebt selbst im edlen Zwirn
zeit seines Lebens ohne Hirn!

*

5   Mehr
     oder
     weniger
     suspekte
     Persönlichkeiten
     und
     Subjekte,
     exzentrisch,
     selten
     auch
     normal,
     von
     heut
     und
     anno
     dazumal

Ach, Gundula Gause!

Aus meiner Glotze steigt zu Hause
auf meine Couch Gundula Gause.

Wir machen auf der Couch ne Sause,
ich und du, Gundula Gause.

Wie ich dich zause ohne Pause
auf meiner Couch, Gundula Gause.

An Haut und Haaren ich dich lause
und verschmause, Gundula Gause!

Dann steh'n wir unter meiner Brause,
ich und du, Gundula Gause.

Da macht es plopp, mein Traum ist aus,
sie ist zurück bei Klebers Claus.

*

Judith

Es glänzt dein Haar so hell und glatt
auf jener Scheibe, die so matt,
so edel rahmt der güldne Schein
dein zartes, sanftes Antlitz ein.

Beim Leuchten deiner Aureole
schmelzen die Kappen meiner Pole,
oh Judith Rakers, goldne Frau,
oh Göttin, du, der Tagesschau!

Könnt ich ein flüchtiges Berühren
von dir nur ahnen oder spüren,
kein Preis wär dafür hoch genug,
ich würfe mich gar vor den Zug.

Moment, verdammt, ich seh es ein,
die Todesart muss anders sein.
Oh Judith, nur ein einz'ger Kuss,
dann gäb ich mir den goldnen Schuss!

Nein warte, jetzt scheint's mir im Licht,
das war es jetzt schon wieder nicht!
Könnt ich mich einmal zu dir betten,
ich nähme 100 Schlaftabletten,

könnt ich an deinen Lippen nippen,
ich würde mich von Klippen kippen,
ach nein, im See ich mich ertränkte,
nein, an dem Strick ich mich erhängte,

ich tränk aus Gift eine Tinktur!
Halt! Stopp! Ich hab's! Oh läg ich nur,
nur eine Nacht nebst deinen Zöpfen,
dann ließe ich sogar mich köpfen!

Ich täte sogar gern es,
Gezeichnet:

Holo
Fernes!

*

Kolumbus I

Hätte Kolumbus das geahnt,
was von Amerika uns schwant,
er hätt es eher so geregelt,
und wär dafür zum Mond gesegelt.

*

Das sehr wohl temperierte Klavier

Die Wahrheit über die Entstehung einer berühmten Sammlung von Präludien und Fugen für ein Tasteninstrument

Zu sich sprach eines Tages Bach,
bereits beim Präludieren, ach,
obwohl die Finger so sehr hasten
auf schwarzen und auf weißen Tasten,

wie sich's beim Üben doch gebührt,
mich dennoch an die Finger friert.
Ob ich's vielleicht probieren soll
anstatt in Dur einmal in Moll?

Vielleicht, so dachte er im Zuge,
probier ich's mal mit einer Fuge?
Es kannte sich das alte Haus
ja mit der Fuge trefflich aus:

Das lässt allein sich schon belegen
durch zwanzigfachen Kindersegen.
Zurück zum Thema dergestalt:
Die Finger blieben trotzdem kalt!

In C begann in seiner Bude
und zwar in Dur er die Prälude,
die Fuge dort darauf erscholl
wie die Prälude, doch in Moll,

darauf in D, in E schon bald,
die Finger blieben trotzdem kalt,
in F, in G, mal laut, mal leis,
die Finger blieben kalt wie Eis.

Dann A, dann H, vor lauter Spielen
erwuchsen an den Fingern Schwielen,
er spielte sich mit all den Noten
den Wolf sogar an seine Pfoten,

er spielte tief bis in die Nacht,
bis man die Kerze ihm gebracht,
er spielte jede Variante,
derweil die Kerze niederbrannte,

die Kerze, diese gottverdammte,
die sein Klavier darauf entflammte.
Jetzt endlich, sprach Bach dezidiert,
ist mein Klavier wohltemperiert.

*

Das Kind Kant

Frau Kant sprach laut, voll Überdruss,
Immanuelchen, jetzt ist Schluss!
Am schlimmsten sieht im ganzen Haus
dein Kinderzimmer immer aus,

vor Dreck tut regelrecht es strotzen,
kurzum, dein Zimmer ist zum Kotzen.
Betrachte deine Unterkunft
einmal rein kritisch mit Vernunft!

Immanuelchen, hör mir zu,
wär jeder Mensch genau wie du,
die ganze Welt wär ein Desaster
und unsre Zukunft zuppendaster!

Du rennst jetzt los im Dauerlauf
und räumst sofort dein Zimmer auf!

Oh, dachte Kant intuitiv,
das war ja ein Imperativ
und obendrein war er, schau, schau,
noch kategorisch wie die Sau!

Frau Kant war eine starke Frau,
vielleicht deswegen ganz genau,
dann später den Immanuel Kant
mit Frauen nicht sehr viel verband.

Betrachtet hat er lediglich
gemeinhin nur das Ding an sich
und deshalb, hier sei's so umschrieben,
ist Kant auch kinderlos geblieben.

*

Allegrissimo

Erst hörten sie in seiner Bude
zu zweit Musik von Buxtehude,
bei einem Streichquartett von Haydn
sprach sie, ich kann dich ganz gut leiden,

bei Georg Philipp Telemann
ergriff er ihre Hand sodann,
bei einer Variation von Liszt
hat sie ihn auf den Mund geküsst,

bei einer Fuge von Herrn Bach,
da lagen sie bereits schon flach,

jedoch ihr kam's
erst bei Brahms.

*

Rache(l) ist süß

(Arles, 23. Dezember 1888)

A Im Zug nach Paris

Bei Vincent wird's jetzt langsam eng,
war ich vielleicht mit ihm zu streng?
Ich fürchte bald, bei dem Kreteng
macht es womöglich demnächst „Peng!",
so sprach voll Sorge Paul Gaugeng!

B Gelbes Haus, Arles

Ein Ohr war links doch eben noch,
bevor ich mich rasierte, doch
klafft an der Stelle jetzt ein Loch.
Was mach ich mit dem Ohr jetzt? Och,
ich schick es an Rachel, die roch
so gern dran, als ich zu ihr kroch
ins Bett, so sprach zu sich Van Gogh.

C Bordell 1, Arles

Mon Dieux, ein Päckchen, ohne Bluff!
Von Vincent, was mag drin sein? Uff!
Es riecht durchaus etwas nach Muff,
ich lüfte gleich mal mein Kabuff,
so sprach in Arles Rachel im Suff
und warf es in den Müll vom Puff.
Da –
stürzte sich die Katze druff!

*

Ein Gleiches

Einst sprach in einer stillen Stunde
zu Goethe Schiller: Tja, im Grunde
geht's mich nichts an, jedoch ich ahne,
es ist doch was mit Christiane!

Darauf sprach Goethe bloß: Ach du,
über allen Gipfeln ist Ruh!

*

Das Ei des Kolumbus

Kolumbus in der neuen Welt
in einem Indianerzelt
einst eine schöne Wilde sah,
bald stand er ohne Hosen da.

Was führt wohl, sprach zu sich die Wilde,
Kolumbus mit dem Ei im Schilde?

*

Mit Zwei, Spiel Drei

Zu Schillers Fritz sprach Goethe einst:
Ich hab das Dichten satt, was meinst
denn du dazu, ob in der Tat
wir einmal klopften einen Skat.

Drauf sagte Schiller: Das wär toll,
auch ich hab just die Schnauze voll,
das ganze Dichten jedenfalls
steht mir bis zum Poeten-Hals.

Doch will ein dritter Mann uns fehlen,
woher denn nehmen, wenn nicht stehlen?
Doch Goethe meinte: Wär's dir recht?
Wir fragen Franz, den Pferdeknecht!

Du wirst schon sehn, halb zieht man ihn,
zur andren Hälfte sinkt er hin.
Zu Franz sprach drum Fritz Schiller: Bitte,
sei du in unserm Bund der dritte!

So kam's, dass man sich wiederfand
am Tisch mit Karten in der Hand.
Franz sprach zu Goethe: Na, du Wicht,
hast du die 18, oder nicht?

Moment, sprach Johann Goethe da,
als er in seine Karten sah,
oh, Augenblick, bleib bitte stehn,
verweile noch, du bist so schön!

Da sitz ich nun, ich armer Tor
und bin so klug als wie zuvor!
Und Franz so: Wie? Dann also weg?
Und du, Fritz, hast du mehr, du Jeck?

Und Schiller meinte: Auch beim Skat
ist Sprache kecker als die Tat,
drum sage ich es hier ganz offen,
wer gar nichts waget, darf nicht hoffen!

Ja, wie jetzt, hast du jetzt die zwanz-
ig, fragte schon gereizt nun Franz.
Und Goethe drauf zu ihm geschwind:
Sei ruhig, bleibe ruhig, mein Kind,

es wechselt immer Pein und Lust,
drum leide nur, wenn du es musst!
Hä, rief nun Franz voll Zorn schon heiß,
das ist kein Skat, das ist ein Scheiß!

Drauf fügte Schiller an, du hast
die Milch verwandelt, glaub ich fast,
was fromme Denkart anbetrifft,
in schwelend, gärend Drachengift!

Den Franzen grauset's, er rennt im Sprint
zum Hause hinaus so schnell wie der Wind,
dort liegt von dem Hunde ein Häuflein von Kot,
darauf rutscht er aus und nu isser tot.

*

Perioden

Mit seiner Muse* ging Picasso**
einst Gassi und zudem mit Hasso,
der seiner war seit irgendwann,
derweil sich ein Gespräch entspann.

Es sprach zu ihm die kluge Frau,
Perioden sind doch niemals blau!
Worauf Picasso sich besann
und rosa fing zu malen an.

Doch übers Jahr***, da ging mit Hasso
und Muse wieder aus Picasso.
Die Muse sagte, altes Haus,
ich kenn mich mit Perioden aus

und Perioden, allgemein,
die müssen rot, nicht rosa sein!
Drum denke nach, soweit, soviel,
und ändre noch mal deinen Stil!

Picasso dachte und sinnierte,
derweil sein Hasso produzierte
ein Häuflein, doch das Tierchen litt
an hartem Stuhle und somit

bot das Produkt sich sonderbar
mit Ecken und mit Kanten dar.
Picasso sah die Proportion,
den Raum, die Flächenprojektion

und rief, oh Muse, du, ich hab's,
reich mir den Flachmann mit dem Schnaps,
soeben, dir will ich's bekunden,
hab den Kubismus ich erfunden!

*

* *Fernande Olivier (vermutlich)*
** *1905*
*** *1906*

Zyklus Französische Revolution

Details aus der zweiten Phase (1792 bis 1794), die in der Geschichtsschreibung zu Unrecht vernachlässigt wurden

Als man den adeligen Herrn
zum Richtplatz führte insofern,
er sehr daneben sich benahm:
Er schrie und fluchte ganz infam!

Da sprach zu sich der Henkersknecht,
es ist ja alles gut und recht.
Bloß wegen dem Guillotinieren
braucht man nicht gleich den Kopf verlieren.

*

Den Adligen voll Hohn und Spott,
verschleppte man auf das Schafott,
im Grab liegt er jetzt in der Tat,
der Kopf daneben separat.

*

Er auf die Guillotine sollte,
doch lief's nicht so, wie man dort wollte,
der Kopf, der rollte wie bekloppt,
die Ohren haben ihn gestoppt

*

Es war, bei Licht genau besehn,
ihr Antlitz nicht besonders schön,
die Guillotine war hier nötig,
jetzt spart sie sich schon die Kosmetik.

*

Erst ging er gut gelaunt und flott
mit froher Miene aufs Schafott,
doch später, wie es von ihm hieß,
den Kopf er etwas hängen ließ.

*

Original-Artikel
„Seeblatt für Stadt und Land", No.18, Samstag, 13. Februar 1864

Friedrichshafen, 12. Februar Das schweizerische Dampfboot Stadt Zürich ist heute vormittag gegen 11 Uhr bei Münsterlingen mit dem von Constanz nach Romanshorn steuernden bayer. Dampfboot Jura bei ziemlich starkem Nebel zusammengestoßen und hat dasselbe in den Grund gebohrt. Passagiere und Mannschaft gerettet, jedoch ein Matrose auf der Stelle getötet worden. Das Boot Jura, ist von der bayrischen Regierung bekanntlich als Ersatz für das ebenfalls infolge eines Zusammenstoßes mit der Stadt Zürich, am 11. März 1861 untergegangenen Ludwig angekauft worden, und wieder ist es das Boot Stadt Zürich, welches nun auch den Jura nach nicht gar langer Fahrt auf dem Bodensee ein Grab in den Tiefen des Sees gebettet.

Johann Mayer

Frei nach Theodor Fontane: John Mainard

Die „Jura" fliegt über den Bodensee,
Gischt schäumt um den Bug wie Flocken von Schnee,
von Constanz fliegt sie nach Romanshorn –
und Johann Mayer blickt kühn nach vorn.
Und die Passagiere mit Kindern und Fraun
im Dämmerlicht schon das Ufer schaun,
und plaudernd an Johann Mayer heran
tritt alles: „Wie weit noch, Steuermann?"
Der schaut nach vorn und schaut in die Rund':
„Noch vierzig Minuten ... dreiviertel Stund'!"

Alle Herzen sind froh, alle Herzen sind frei –
da klingt's von dem Ausguck her wie Schrei:
„Das Teufelsschiff!", war es, was da klang,
„das die ‚Ludwig' versenkte, s'ist noch nicht lang,
das Teufelsschiff nimmt uns auf Kimme und Korn!",
und noch dreißig Minuten bis Romanshorn!

Und die Passagiere, buntgemengt,
am Bugspriet stehn sie zusammengedrängt.
Ein Schemen im Nebel, ein jeder begriff:
Es ist die „Stadt Zürich", das Teufelsschiff!
Und ein Jammern wird laut: „Da kommt es von vorn!",
und noch zwanzig Minuten bis Romanshorn!

Die „Stadt Zürich" ist schon nahe bereits,
durch den Nebel scheint blutrot die Flagge der Schweiz:
Der Kapitän sieht nicht mehr den Steuermann,
aber durchs Sprachrohr fragt er an:
„Noch da, Johann Mayer?" - „Ja, Herr, es wird knapp –
Doch ich lege sie rein, denn ich drehe jetzt ab!"
Und er wendet das Schiff mit dem Herzen voll Zorn!,
und noch zehn Minuten bis Romanshorn.

„Noch da, Johann Mayer?" Und Antwort schallt's
mit ersterbender Stimme: „Oh, Herr, jetzt knallt's!"
Und in die „Jura", durch Mark und durch Bein,
jagt jetzt die „Stadt Zürich" mitten hinein!
Und niemals kommt, er versinkt jetzt da vorn,
der Einkauf aus Konstanz nach Romanshorn!

*

Fortuné*

Erfreut betrat Napoleon
zur Hochzeitsnacht den Schlafsalon,
wo mit erwartungsvoller Miene
im Bett schon harrte Josephine.

Entflammt war hier die Kerze schon,
entflammt war auch Napoleon,
entflammt war Josephine vor Glück,
entflammt des Korsen bestes Stück –

Da – ein Schrei entsprang des Korsen Brust,
und jäh erlosch die Flammen-Glust,
der Schrei schwang auf sich bis zum Cis,
am Bein war Blut, es war ein Biss,

er tat zur Decke einen Hops,
der Täter war der Liebsten Mops!
Deswelchen Stammplatz offenbar
bei Frauchen stark gefährdet war.

Ganz anders hatte sich der Held
das Spiel mit Möpsen vorgestellt.

*

** Josephines Mops: Bettgefährte bis zur
Hochzeit*

6   Schon
    wieder
    frönt
    die
    Unke
    dem
    gepflegten
    Trunke

Die drei folgenden Texte waren als Liedbeiträge Bestandteile des Schauspiels „Drei Männer, der Durst und Renate" von Norbert Heizmann, Notker Homburger und Bernd Wengert.

Oh, Fläschlein

Oh Fläschlein, siehst so traurig aus,
so lustlos und betrübt,
weil niemand auf der ganzen weiten
Welt dich richtig liebt.
Oh Fläschlein, komm an meine Brust,
ich bin zutiefst gerührt,
aus Mitgefühl erbarm ich mich,
drum wirst du inhaliert.

Oh Fläschlein, siehst so traurig aus,
du bist so klein und arm,
mein Herz fühlt mit dir mit, so dass
ich deiner mich erbarm.
Komm her zu mir, ich schütze dich,
auf dass dir nichts passiert,
drum wirst du mir oral in meinen
Schlund jetzt eingeführt.

Oh Fläschlein, siehst so traurig aus,
so einsam und allein,
hast keinen Vater, keine Mutter
und kein Schwesterlein.
Damit es dich hier in der kalten
Welt nicht so sehr friert,
drum wirst du heut von mir
und meinem Bäuchlein adoptiert.

*

Und sie wurden d(D)ichter!

Schon gern trank die Amphore leer
in der Antike Herr Homer.
Den Trunk von Wein als Marathon
begriff bereits Anakreon.

Es kippte sich hinter den Latz
in Rom bereits den Wein Horaz.
Auf gleiche Weise hielt so fit
sich sein Kollege, der Ovid.

Die bösen Blumen schrieb Baudelaire
und trank die Absinth-Buddl leer.
Den Heimweg fand wie Ulysseus
im Trunke selten auch James Joyce.

Im Tran fiel Edgar Allen Poe
oft auf denselben sowieso.
Vor Freude krähte Kikeriki,
sah er 'nen Schnaps, Charles Bukowski.

Man brachte Schnaps Hans Fallada,
drauf sprach er, ei, da ist er ja.
Betrunken stach plemplem in See
des öftern Ernest Hemingway.

Stets im Duett, das heißt zu zwo,
betrank Verlaine sich mit Rimbaud.
Es pichelte Herr John Steinbeck
den anderen die Schnäpse weg.

Den Mond umarmte Li-Tai-Pe
im Rausch als Spiegelbild im See.
Unter dem Tisch man liegen sah
nicht selten Hoffmann E. T. A..

Der Whiskey streckte auf das Brett
fast jeden Tag Samuel Beckett.
Und en Detail und auch en Gros
trank täglich Schnaps George Bernhard Shaw.

Die Hauptsache ist Alkohol,
der Rest ist Wurscht, so sprach Jean Paul.
Pro Tag vier Flaschen lötete
Herr Wolfgang Johann Goethete.

Die Menschheit, was das anbelangt,
dem Trunke die Kultur verdankt,
so manches Drama und Gedicht
gäb's ohne Wein und Schnäpse nicht.

Refrain
Drum Freunde der Literatur,
lasst folgen uns auf ihrer Spur!

*

Anonyme Animale I

Mir dünkt, es schwankt der Pandabär,
als ob er etwas trunken wär!

*

Ich glaub, ich nehm noch eins

Nach dem ersten Glas
ist dir der Gaumen kaum schon feucht,
nach dem zweiten Glas
löst sich die Zunge schon vielleicht,
nach dem dritten Glas
bist du zur Kellnerin charmant,
nach dem vierten Glas
beruhigt sich deine Magenwand.

Nach dem fünften Glas,
da wirst du kommunikativ,
nach dem sechsten Glas
wird deine Sprache etwas schief,
nach dem siebten Glas
siehst du die Wirtin stark verjüngt,
nach dem achten Glas
willst du sie küssen unbedingt!

Nach dem neunten Glas
vergisst du Raumbegriff und Zeit,
nach dem zehnten Glas
fühlst du den Hauch von Ewigkeit,
nach dem elften Glas
schwebt über dir ein Engelheer,
nach dem zwölften Glas
bedeuten Zahlen dir nichts mehr.

Nach dem nächsten Glas
beherrschst du die Zwölftonmusik,
nach noch einem Glas,
da lächelst du vor lauter Glück
und nach noch nem Glas
stößt du noch einmal kräftig auf
und dann bist du
karmamäßig mega-super drauf!

Refrain
Ich glaub, ich nehm noch eins
und bleib auf einen Sprung,
ich glaub, ich nehm noch eins,
der Abend ist noch jung.

*

Anonyme Animale II

Der Adler sprach zu sich: Schau, schau,
was bin ich heute wieder blau!
Das war das Letzte, was er dachte,
bevor er an die Felswand krachte.

*

Von der Ente stieg der Hahn,
denn er war im Wodka-Tran.
Der Verwechslung angesichts
sprach die Ente: Macht doch nichts!

*

Ach, wär ich doch!

So wie man ist, ganz allgemein,
will man ja oft nicht gerne sein.
Ein Wunsch vielleicht im Raume steht
nach anderer Identität.

So auch bei mir zu später Stunde,
nach veritabler Kneipenrunde,
durchaus zuweilen fernerhin
mit meiner Wohnungspartnerin,

die ebenbürtig und gekonnt
im Kampfe an der Thekenfront
als Kameradin sich zerreibt
und mit mir bei der Fahne bleibt.

Doch wenn der Sieg errungen ist,
zum Abschied man die Wirtin küsst,
nachdem die Rechnung schon beglichen,
man schließlich aus der Tür entwichen,

dann ist es endlich an der Zeit,
dann macht der Wunsch sich schließlich breit,
dass eine zarte, feminine
und gute Fee vor mir erschiene,

und machte just mit Zauberei,
dass ich ein Krötenmännchen sei.

Dann wäre es aus meiner Sicht
nun für das Krötenweibchen Pflicht,

dass es das Männchen, ohne Lüge,
jetzt Huckepack zum Laichplatz trüge!

*

Anonyme Animale III

Den Nacktmull sieht man leider
nicht selten ohne Kleider.
Das liegt daran, dass er zuvor
im Suff beim Pokern sie verlor.

*

Limmer-Lyrik III

An Silvester, da wurde in Allensbach
eine Dame einst wegen des Knallens wach.
Sie trinkt Schnäpschen zum Trost
und sagt sieben mal Prost
und kurz drauf lag sie wegen des Fallens flach.

*

Oh Wirt!

Oh Wirt, der du uns gibst den Trank,
oh Wirt, nimm Lob, oh Wirt, nimm Dank!
Oh Wirt, der du uns Obdach gibst
und für uns Sonderschichten schiebst,

du uns an deinem Tresen hegst,
in Not und Leid uns stets du pflegt,
mit deinem Rat uns reich beschenkst,
zum Guten unser Leben lenkst,

stets bei uns bist und niemals fort,
dem nie entfleucht ein böses Wort,
nicht mal zu jenen, die es offen
verdienen, weil sie sturzbesoffen,

oh Wirt, des Nerven in der Tat
vergleichbar sind mit Stahl und Draht,
der an Geduld, so wie es deucht,
und Ruhe einem Buddha gleicht,

den nie kein Mensch jemals ertappt
und sähe ihn je eingeschnappt,
den mancher sogar ehrfurchtsvoll,
befragt, wen er denn wählen soll,

der schlichtet selbst ein Ehedrama
als weiser Theken-Dalai-Lama,
der nicht zu Unrecht wär beschieden
mit dem Nobel-Preis für den Frieden,

der Einlass gibt, wenn's draußen kalt,
der Schutz uns gibt und Trost und Halt,
die Stimmung aufhellt, wenn sie düster,
als unser Schorle-Hohepriester!

So rufen wir, von Kind bis Greis:
Dir Wirt sei Ehr, dir Wirt sei Preis!

*

Grabsprüche VI

Mein Gatte Sepp, der liegt hier unten,
tagtäglich saß er in dem Spunden.
Die Humpen trank er und die Fässer,
ich hab den Klaus jetzt, der ist besser!

*

Anonyme Animale IV

Die Drossel sprach zum Specht:
Ich heiße so zu Recht.
Flog dann auf ein Gewächs
und trank fünf Korn auf ex!

*

Lust und Last

Wenn ich, um so es zu beschreiben,
des Abends bin in meiner Schenke
und will es dort nicht übertreiben,
dass ich vielleicht zu wenig tränke

und wenn ich dank der guten Gabe
des Alkoholes insoweit
hinweg von mir geworfen habe
die Last der kalten Nüchternheit

und wenn ich dort am Tresen sitze
und treibe es bei aller Liebe
in keinem Fall je auf die Spitze,
dass ich nicht allzu kurz dort bliebe

und wenn ich dann in Morgenfrühe
auf leeren Straßen in Gedanken
nach Hause zieh und geb mir Mühe
und will nicht allzu wenig wanken

und wenn ich gehe so im Stillen,
der Vögel Schar erwacht zumeist,
dann weiß ich just bei deren Brüllen,
warum es Morgengrauen heißt.

*

7 In
   Costentz
   beim
   Conzilium
   kam
   es
   im
   Domizilium
   und
   auch
   im
   Freien
   manches
   Mal
   zu
   Schäden,
   die
   kollateral

Ossi und Uli

In Konstanz sprach am schönen Rhein
zu Richental der Wolkenstein*,
ich lass mich heute mal nicht lumpen,
ich lad dich ein zu einem Humpen,

denn heute tut am Bodensee
mir einmal nicht der Beutel weh.
Drauf antwortete Richental,
dann gehn wir zu Mariechen mal.

Ab da sich die Gerüchte ranken,
dass sie sich ordentlich betranken.
Man sah sie dort die religiösen
und weltlichen Probleme lösen.

Zum Beispiel fragte Wolkenstein,
hast du schon mal gemolken Wein?
Worauf denn dieser sprach, du Knilch,
wenn ich mal molk, dann war das Milch!

Bei derlei Reden man die Nacht
bis in den Morgen hat verbracht.
Und dann sah Oswald Wolkenstein
doch etwas durchgemolken drein.

Alsbald er dann mit Richental
nach draußen sich im Kriechen stahl.

*

> * *Oswald von Wolkenstein, Sänger und Politiker,*
> *Ulrich Richental, Chronist beim Conzil zu*
> *Costentz 1414-1418*

Ossi und Sigi

Zu Wolkenstein sprach Sigismund *:
„Ich sag's dir jetzt als Kaiser!
Ich will ein wenig schlafen und
drum sing gefälligst leiser!"

Drauf antwortete Wolkenstein:
„Das intressiert mich wenig!
Bis jetzt bist du nur allgemein
kein Kaiser, sondern König!"

Der sprach: „Sei nicht so pingelig,
das ist doch schnurzegal!
Da lache ich mich kringelig,
frag doch den Richental!"

„Ach jenen meinst du von der Presse?
Der hat doch im Revier
nichts außer einer großen Fresse,
wie einst der Südkurier.

Die Watsche, die vergess ich nicht,
die du mir heute gabst!
Ich glaube, du bist nicht ganz dicht,
drum geh ich jetzt zum Papst!"

Der König lachte: „Tut mir leid,
ich wünsche dir viel Glück!
Zu welchem Papst der Christenheit?
Wir haben doch zwei Stück!"

Da dachte Oswald, anstatt Christ
werd ich jetzt Hare Krisma,
Muslim vielleicht oder Buddhist,
ich sage nur: Scheiß Schisma!

*

* *König Sigismund, Regent des Heiligen
Römischen Reiches deutscher Nation und
nachmaliger Kaiser während des Conzils zu
Costentz 1414–1418*

Letzte Worte des Jan Hus*

Freies Geleit war garantiert
und trotzdem werd ich jetzt flambiert!

Doch ehe sie mich toasten,
lasst uns noch einmal prosten!

*

* *Jan Hus, tschechischer Reformator, wegen
Ketzerei hingerichtet auf dem Scheiterhaufen
am 6. Juli 1415 anlässlich des Conzils zu Costentz*

Also sprach Imperia*

Glaubst du, weil du aus Geiz mir gabst
5 Gulden nur, dass du jetzt habst

das Recht, dass du jetzt an- mich grabst,
dazu dich auch noch an mir schabst

und dich genüsslich an mir labst?
Mach, dass du jetzt nach Hause trabst,

so sprach Imperia zum Papst.

*

* *legendäre Dame, tätig im Dienstleistungssektor
im Umfeld des Conzils zu Costentz 1414–1418*

Alternative Andacht
(Imperiale Dienstleistung)

So mancher brave Kirchenfürscht
hat sich des Nachts zu ihr gepirscht,
dann wurde sie von diesen Frommen
mit Andacht ins Gebet genommen.

Drum war in jener Zeit, der alten,
der Zölibat noch auszuhalten!

*

8 Nach
dem
Sommer
kommt
der
Herbst
und,
wenn
du
danach
nicht
sterbst,
kommt
dahinter
der
Winter

Er ist's – 2020

Frei nach Mörike

Was, bitte, soll denn allgemein
am Frühling nur das Tolle sein?

Anstatt dass blaue Bänder flattern,
hör ich Motormaschinen knattern!
Statt süßer, wohlbekannter Düfte
durchzieht der Gülle-Dunst die Lüfte!

Dass Veilchen balde kommen wollen?
Da fällt mir grade ein mit Grollen,
dass ich jetzt bald schon mit Verdruss
den Rasen wieder mähen muss!

Von fern ein leiser Harfenton?
Von wegen, an der Ecke schon
hör ich von einer Gruppe Gören
den Rap aus Ghettoblastern röhren!

Zu all dem gibt es – wie perfide! –
im Lenz die meisten Suizide!

Frühling, ja, du bist's!

*

Sommer

Oh Sommer, du bist weit und breit
die allerschönste Jahreszeit!
Dabei hör ich an heißen Tagen
von anderen nur Weheklagen!

Dass sie nach frischer Luft sich sehnen,
von Trockenheit und Schweiß und Tränen,
von braunem Gras, von Wüstenöde,
von Klimawandel ist die Rede!

Wobei kaum jemand hier bedenkt,
wie die Natur uns reich beschenkt:
Dass wir vor Hitze nicht erschlaffen,
hat uns der Herr den Durst erschaffen.

Brennt mir die Sonne auf die Haut,
dann trink ich, was der Brauer braut!
Scheint mir die Sonne auf die Brust,
verschafft mir Schorle Lebenslust!

Doch glüht sie mir auf mein Gebein,
dann trinke ich ein Viertel Wein!
Sengt mir die Sonne auf den Bauch,
da ist ein Obstler guter Brauch!

Schmort sie dagegen mein Gesäß,
scheint Schampus dem Bedarf gemäß.
Und wenn vor Hitze ich mal fiebre,
dann hilft mir stets ein Cuba libre.

Scheint mir die Sonne sonstwo hin,
dann trink ich Soda mit viel Gin!
Und sticht sie mir auf das Gemächt,
dann kommt ein Weizen grade recht!

Drum schalle laut mein Ruf, mein frommer:
Dir tausend Dank, du unser Sommer!

*

Wenn er ein Vöglein wär

Ein Jüngling sah mit Sehnsuchtsglühn
im Herbst die Vöglein südwärts ziehn.
Ach, wenn ich nur, so dachte er,
genauso wie ein Vöglein wär!

Ich flöge dort am Himmelszelt
und bräuchte weder Job noch Geld,
auch das Finanzamt, zweifelsfrei,
das ging am Bürzel mir vorbei,

es gäbe in der Himmelsbrise
auch keinerlei Regierungskrise,
kein Autoabgas würd ich kennen,
ich bräuchte nicht mal Müll zu trennen.

Und hätt, vor Liebe, ich, verloren,
ein Vogelmädchen auserkoren,
ich bräucht am schönsten nur zu singen,
um ihre Günste zu erringen.

Doch kaum war dann der Frühling da,
der Jüngling just zwei Vöglein sah,
die nur ganz kurz geflattert hatten,
das war's auch schon mit dem Begatten,

ein Vorgang, welcher völlig bar
von jeglicher Romantik war.
Was unsern Mann zur Einsicht zwingt:
Man muss nicht fliegen unbedingt.

Warum bei Menschen ganz diskret
bei Fortpflanzungsaktivität
zuweilen man von Vögeln spricht,
erschließt sich diesem Jüngling nicht.

*

Oktoberfest

Im letzten Herbst, so wie alljährlich,
da lebte Rosi sehr gefährlich,
denn sie ging aufs Oktoberfest,
mit einem Dirndl neu bedresst.

Das Trachtgewand, das stand ihr prächtig,
doch nach dem Fest, da war sie trächtig.

*

Oktoberfest-Rap

Hey Alter, das gibt dir den Flash,
das gibt dir voll den Rest,
du knallst dir deine Birne weg
auf dem Oktoberfest.
Kaum bist du in dem Bierzelt drin,
da spürst du schon den Kick,
da packt dich schon der geile Groove
der Tätärää-Musik.

Oh Yeah, zünftig is!

Und tropft vom Dach des Zeltes in
das Bier der kalte Schweiß,
dann wird bei dir erst recht die Festzelt-
stimmung richtig heiß.
Dann stehst du auf dem Tisch und
streckst die Hände in die Höh,
dort siehst du auch den Dirndln besser
in das Dekolleté.

Check it out, zünftig is!

Du trinkst die Maß auf Ex, sodass ein
jeder staunend glotzt,
doch hoffentlich sieht keiner hin, wenn
du es wieder kotzst.
Die Lederhose, die du trägst, die
ist voll neu und krass,
im Klo kriegst du den Latz nicht auf und
machst dich pitschenass.

Oh, Oh, Oh, zünftig is!

Am Ausgang fragt dich so ein Typ, was
guckst du denn so blöd,
dann haut er auf die Glocke dir, dass
dir die Sicht vergeht.
Du hast ein blaues Auge und dir
fehlt ein Schneidezahn,
s'Oktoberfest war dieses Jahr mal
wieder voll der Wahn.

Oh Yeah, zünftig is!

*

Anthropomorphismus

Wenn tags zuvor der Abend lang,
und sich in Grenzen hält der Drang
nach Sonnenschein und frischer Luft,
nach Feld und Wald und Frühlingsduft,

wenn nur das weiche Sofa lockt,
auf dem man fest verwurzelt hockt,
wenn man entbehrt die letzte Kraft,
gerade noch die Atmung schafft,

Aktivitäten man negiert,
am liebsten nur noch vegetiert,
man Flüssigkeiten, die versiegt,
in Kannen nachgegossen kriegt,

dann weiß man schon nach kurzer Frist,
dass man nun Zimmerpflanze ist.

*

9 Von
schlafenden
und
aufgeweckten
und
gegenständlichen
Objekten,
und
lyrisch
tragische
Geschichtchen
von
Nahrungsmitteln,
Frucht
und
Früchtchen

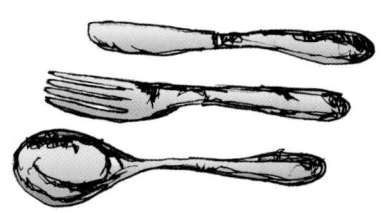

Besteck-Beziehung

Es war nach Mitternacht gerade,
da kam es in der tiefen Lade,
wo das Besteck gewöhnlich ruhte,
zu einem heftigen Dispute.

Das Messer sprach zum Löffel: Ach,
du warst vor kurzem doch noch flach!
Mir scheint jedoch ganz ungefähr,
dass jüngst dein Bauch gewölbter wär!

Und das, wo wir es doch seit sieben
Monaten jetzt nicht mehr getrieben!
Erscheint dir das nicht sonderbar,
obwohl ich scharf wie immer war?

Die Gabel nebendran sich schneuzte
und sich verschämt die Zinken kreuzte,
war sie seit langem, ohne Witz,
doch auch schon auf den Löffel spitz.

Der Löffel schwieg und drehte stumm
sich nach der andren Seite um.
So ward der Bauch im Nu zum Po,
drauf sprach das Messer knapp: Ach so!

*

Miese Gemüse

Man nahm es nicht einmal der Zwiebel,
geschweige denn dem Knoblauch übel,
dem Brokkoli verzieh man auch,
dem Fenchel und sogar dem Lauch,

dem Wirsing grollte keiner nie,
auch niemand je dem Sellerie,
man schmähte nicht die Runkelrübe,
auch wenn sie noch so wild es triebe.

Beim Rot-, beim Weiß-, beim grünen Kohl,
beim Kürbis und beim Karfiol,
bei Paprika und der Schalotte,
bei Bohne gar und der Karotte,

bei allen drückte man partout
beim Fremdgang stets ein Auge zu.
Dass die Zucchini sich vergnügte
in fremden Beeten, niemand rügte,

sogar der Gurke auch zuweilen,
dem Rettich selbst, dem ewig geilen,
dem Spargel auch vergab indes
man außereh'lichen Exzess!

Nur eine in der ganzen Reihe
hielt ihrem Gatten stets die Treue,
und ausgerechnet war es sie,
die man des Treuemangels zieh.

Dabei entsprang doch insoweit
das alles lediglich dem Neid,
war sie die Schönste doch im Staate
zumindest farblich: Die Tomate!

*

Florale Moral

Ja, doch! Natürlich hab durchaus
ich Blumen immer gern im Haus!

Ein Stück Natur, das uns beglückt,
das Küchen- oder Esstisch schmückt,
bei der Betrachtung uns erbaut,
das Heim noch trauter macht als traut

und nicht zuletzt mit seiner Pracht
die Partnerin zufrieden macht.

Nein, nein, das macht mir gar nichts aus,
dass auf dem Tisch der Blumenstrauß
vielleicht zu meinem Leidenwesen
den Platz beschränkt zum Zeitunglesen!

Ach was, das find ich wunderschön,
dass auf dem Tisch die Blumen stehn,
der Teller hat durchaus, mein Schatz,
am Rand des Tisches auch noch Platz!

Ja schau, ein Blütenblatt, so weiß,
fiel in den Wein mir – so ein Sch...!
Nein, nein, ich hab doch keinen Groll!
Ich find die Blumen wirklich toll!

Sie sind sogar, das weiß ich wohl,
für unser Leben ein Symbol:
Erst zarte Knospe, keusch und rein,
dann Blüte, reich in buntem Schein –

zuletzt verwelkt im Biomüll!
Genau wie ich, denk ich mir still!

–
–

Scheiß Blumen!

*

**Dem Reim auf den –
Leim**

Hätte, hätte, Fahrrad –
lenker,
Volk der Dichter und der –
Schläue,
Perlen wirft man vor die –
Schweine,
Lügen haben kurze –
Haare,
von der Wiege bis zur –
Gruft,
nur von Liebe und von –
Laster,
Konstanz ist ein teures –
Loch,
Hunger ist der beste –
Kunde,
Glücklichen schlägt keine –
Uhr,
durch den Schnee führt eine –
Bahn,
man fühlt jemand auf den –
Schein,
steter Tropfen höhlt den –
Kopf,
weg mit diesem alten –
Mist,

für Herrn Jesus singt der –
Chor,
kluge Männer beugen –
tief,
und gewickelt ist man –
krumm,
Bohnenstroh ist meistens –
klug,
zu dem Brunnen geht der –
Becher,
fröhlich ist der späte –
Wandrer,
heute schläft bei dir ein –
Schatz,
der hat neben dir noch –
Raum,
und erfüllt ist unser –
Ziel,
ich lieb dich mit Stumpf und –
Haar,
heute wird es endlich –
gehn,
oh, wie ist das Leben –
toll!

Äh ...
schön!

*

Das Was-

Das Was-, das seufzte lang und schwer,
es grämte sich und weinte sehr,
nie konnte es jemals frohlocken,
denn es war unwahrscheinlich trocken.

Sein größter Wunsch war ganz allein,
pitschpudelpatschenass zu sein,
denn für das Was- war sonst schlechthin
das Leben ohne jeden Sinn.

Das Mes-ser sprach zu ihm, hör zu,
auch ich war traurig so wie du,
einsilbig war auch ich indes
wie du und deshalb nur ein Mes-.

Zu einer Fee ging ich sodann,
die Wörter länger machen kann,
erfüllt seither ist mein Bedarf,
ein Mes-ser bin ich jetzt und scharf.

Zur Fee lief nun das Was- alsdann,
die hing ihm eine Silbe an
und im Moment ward es schon nasser
und seither gibt es nun das Was-ser.

*

10 Oh,
    wie
    fröhlich,
    oh
    wie
    froh,
    dulci
    ist
    der
    jubilo,
    man
    vor
    Freud
    ins
    Höslein
    pieselt,
    weil
    der
    Schnee
    so
    leise
    rieselt

Weihnachtszeit

Wenn die Sternlein wieder prangen,
wir Besinnlichkeit erlangen,
wenn das Herz wir uns erwärmen,
Schnäpse glucksen in Gedärmen,

wenn die Schelle wieder schellt,
wenn der Jingle wieder bellt,
wenn man jeden Scheißdreck kauft,
an den Buden Glühwein sauft,

wenn das Kind im Zimmer sitzt,
Blut beim Ego-Shooter spritzt,
Eltern unterm Baum erkennen,
dass sie sich jetzt endlich trennen,

wenn an Häusern raue Mengen
toter Weihnachtsmänner hängen,
wenn, geschmückt mit Lichterschläuchen,
Häuser fast Bordellen gleichen,

ja, dann ist es Weihnachtszeit,
freue dich, oh Christenheit!

*

Die drei Weisen

Das Kindlein schlief, die Nacht war still,
erloschen war bereits der Grill,
entsorgt war schon der Biomüll,
es herrschte friedliches Idyll.

Nur Frau Maria in der Nacht
war leider ziemlich aufgebracht.
Herr Josef war total frustriert,
er wirkte wie narkotisiert,

denn ihnen fiel fürs Kindelein
kein Name ums Verrecken ein.
Am besten hätte ihm von allen
der Name Jimmy Blue gefallen,

auch Tyler, Jason und Marcel,
auch Geoffrey, Kevin und Joel,
als wirklich allerletzten Deal
brachte er Günter noch ins Spiel.

Maria jedoch lachte spitz,
statt Günter dann noch eher Fritz!
Nun saßen sie dort einfach so
und glotzten schweigend in das Stroh.

Da, was war das, was eben klang?
War das nicht Lachen und Gesang?
Es kamen, wie das Schicksal fügte,
drei Herren und zwar quietschvergnügte,

sie seien, sagte man, drei Weise,
mag sein, doch waren sie nicht leise,
sie kamen just von einem Trunke,
aus einer lustigen Spelunke,

und zwar aus einer ziemlich nahen,
weshalb sie nämlich Sterne sahen,
die hoch am Himmel leuchten taten
und sahen nicht, wohin sie traten.

Und drum trat einer darauf gar,
ich glaube, dass es Melchior war,
mit einem eleganten Schwung
in einen Haufen Hammeldung,

worauf mit letzter Energie
er lauthals „Jesus Christus!" schrie.
Und deshalb betet jedermann
heut nicht den heiligen Günter an.

*

Ochs und Eselin

In Bethlehem im Stalle drin
sprach zu dem Ochs die Eselin:
„Mein lieber Freund, ganz ohne Quark,
du bist so muskulös und stark,

die Nacht ist kalt und warm das Stroh,
in mir erwacht die Libido!"
Und weiter sprach sie: „Ochs, hör zu,
mein Blutdruck steigt, so steig auch du!"

Das Kindlein schreit nicht mehr so schrill,
im Stall ist es jetzt endlich still,
auch die drei Könige schon schlafen,
die Hirten liegen bei den Schafen,

der Hammel Kurt entlässt dem Bauch
noch etwas Luft, dann schläft er auch
und auch der Engel frohe Brut
bereits in Morpheus' Armen ruht.

Herr Josef seufzt im Schlafe schwer,
er wüsst gern, wer der Vater wär,
Maria lächelt, denn es kreist
ihr Traum sich um den heil'gen Geist.

Alles schläft und keiner wacht,
s'ist wahrhaftig stille Nacht.

Die Eselin spricht, s'ist so weit,
jetzt wäre die Gelegenheit,
mein lieber Ochs, dass wir jetzt eben
mal kurz 'ne kleine Nummer schöben.

Doch war der Ochs nicht intressiert,
seit Mitte Mai war er kastriert.

Im Stall, in dulci jubilo,
weint leis' die Eselin ins Stroh.

*

United Colours of Bethlehem

Ein Licht scheint in der Dunkelheit,
denn es begab sich zu der Zeit,
da ward gebor'n ein Kindelein,
das lag im Stall in Windelein!

Wir danken herzlich für die Spende
zur Unterstützung der Legende,
die, wie sich's heutzutag gebührt,
die Firma Pampers präsentiert.

Das Kindlein trägt von Fuß bis Hals
den Strampelmann von babywalz,
die Popo-Creme ist von NIVEA,
die Krippe lieferte IKEA,

den Babybrei die Firma HiPP,
von SCHIESSER ist Marias Slip,
von KUNERT ist Marias Strumpf,
ihr Büstenhalter von Triumph,

ihr Makeup-Style ist aufgebaut
von Douglas, come in and find out.
Von H&M ist Josefs Hose,
von Asbach seine Spirituose.

Die Hirten, von der Wacht ermattet,
sie sind von Strellson ausgestattet,
sie trinken Cola-Rum gemixt,
die Hush-Puppies sind frisch gewichst.

Die Temperatur sinkt unter Null,
neben dem Esel steht Red Bull,
doch ist der Esel statt Natur
bloß eine playmobil-Figur.

Der Engelschor, der singt im Sound
von SONY Dolby Sensurround,
bei eBay, man mag drüber staunen,
ersteigerten sie die Posaunen.

Auf ihren Flügeln rechts und links
liest man McDonald's Chicken Wings,
da kommen auch schon neuerdings
vom Morgenland drei Burger Kings.

Und die Monarchen, jene frommen,
sind im Toyota angekommen,
durch Facebook sind sie informiert
und TomTom hat sie hergeführt.

Sie bringen eine PlayStation
fürs Kind, sie kam von Amazon,
ein iPod für den guten Ton,
sowie ein SAMSUNG-Telefon.

Ganz exklusiv strahlt in Lizenz
der Stern nur für Mercedes-Benz
und RTL sorgt für die Lacher
und für das Müsli Seitenbacher.

In eine Tupperschüssel schlicht
der holde Knabe sich erbricht!

*

Register

Seite

Vorwort	8
Kapitel	10

1. Trichter-Triptychon — 13

Übersicht Tafeln	15
a) Oberes Register	16
b) Unteres Register	17
c) Linker Flügel	18
d) Rechter Flügel	19
e) Mitteltafel	20

2. Der Mensch — 21

Die einen und die andern	23
Warum	24
Grabsprüche I	24
Die einsame Ziege	26
Der Rapper-Rap	27
Johannes, der Motorradfahrer	28
Ein Männlein steht	29
Benno Bums	30
Der gute Hirte	30
Ihre Heiligkeit	31
Grabsprüche II	31
Konstanzer Kino-Kalamitäten	32
Platonische Liebe	34
Zeitlos	34
Grabsprüche III	35
SUV-Poetry	36
Grabsprüche IV	37
Eisenbahn-Romantik	38
Übrigens	39
Hochwürden	40

	Freud'sche Fehlleistung	41
	Grabsprüche V	42
3.	**Cherchez la Femme**	43
	Selina – vermutlich	45
	Gleitzeit	46
	Limmer-Lyrick I	46
	Nur, weil ich nicht auf Tanzen steh	47
	Caligynephobisches Sonett	48
	6	49
	Limmer-Lyrick II	49
	Ach, Uschi	50
	Auch das noch	51
	SMS- und Whatsapp-Vorschläge	52
	Der Stern	54
4.	**Getier**	55
	Der Spatz und die Nachtigall	57
	Der Axolotl	58
	Bonaparte	60
	Nachruf	62
	Der Nacktmull	62
	Richtigstellung	63
	Waidmannsdank	64
	Die Gourmet-Ecke	66
	Hugo I + II	68
	Relative Sensation	69
5.	**Persönlichkeiten**	71
	Ach, Gundula Gause	73
	Judith	74
	Kolumbus I	75
	Das sehr wohl temperierte Klavier	76
	Das Kind Kant	78
	Allegrissimo	79
	Rache(l) ist süß	80

	Ein Gleiches	81
	Das Ei des Kolumbus	81
	Mit Zwei, Spiel Drei	82
	Perioden	84
	Zyklus Französische Revolution	86
	Johann Mayer	88
	Fortuné	90
6.	**Trunk**	91
	Oh Fläschlein	93
	Und sie wurden d(D)ichter	94
	Anonyme Animale I	95
	Ich glaub, ich nehm noch eins	96
	Anonyme Animale II	97
	Ach, wär ich doch	98
	Anonyme Animale III	99
	Limmer-Lyrik III	99
	Oh Wirt!	100
	Grabsprüche VI	101
	Anonyme Animale IV	101
	Lust und Last	102
7.	**Conzilium**	103
	Ossi und Uli	105
	Ossi und Sigi	106
	Letzte Worte	107
	Also sprach Imperia	108
	Alternative Andacht	108
8.	**Nach dem Sommer**	109
	Er ist's	111
	Sommer	112
	Wenn er ein Vöglein wär	114
	Oktoberfest	116
	Oktoberfest-Rap	116
	Anthropomorphismus	118

9.	**Objekte**	119
	Besteck-Beziehung	121
	Miese Gemüse	122
	Florale Moral	124
	Dem Reim auf den – Leim	126
	Das Was-	128
10.	**Oh, wie fröhlich**	129
	Weihnachtszeit	131
	Die drei Weisen	132
	Ochs und Eselin	134
	United Colours of Bethlehem	136

Zum Autor

Norbert Heizmann, Jahrgang 1952, stammt aus Immendingen, Kreis Tuttlingen, lebt jedoch seit langem in Konstanz am Bodensee, wo er mittlerweile einen gewissen Bekanntheitsgrad als Bühnen- und Fernseh-„Pappnase" genießt.

Zusammen mit dem Jazz- Trompeter Thomas Banholzer und dem Gitarristen Notker Homburger tritt er auch regelmäßig mit „Eingeborenenmusik vom Westlichen Bodensee" in Erscheinung, für die er viele Lieder und Texte in seealemannischer Mundart verfasst.

Mit dieser Formation schrieb er auch mehrere musikalische Bühnenstücke, die in Kooperation mit dem Stadttheater Konstanz und mit der „Zimmerbühne in der Niederburg" aufgeführt wurden.

Auszug aus der künstlerischen Laufbahn

Seit 2006 regelmäßige musikkabarettistische Auftritte im Rahmen der „Eingeborenenmusik vom Westlichen Bodensee", einst im „Pfohlkeller" Konstanz, ab 2012 in der „Zimmerbühne in der Niederburg (www.zimmerbuehne.de)" Konstanz. Mit dieser Formation zahlreiche Auftritte im südbadischen Raum (www.eingeborenenmusik.de)

2013 Projekt „Der Geruch vom Bodensee, eine pydläsophische und paraethnologische Expedition zur Erforschung von Lebensraum, Alltag, Sitten und Gebräuchen der Eingeborenen vom Westlichen Bodensee" in Kooperation mit dem Stadttheater Konstanz

2014 „BodenFee und WellenZwerg, musikalische Szenen um Mythen und Märchen aus der Bodensee-Region" in Kooperation mit dem Stadttheater Konstanz

Seit 2016 „Drei Männer, der Durst und Renate oder cezweihafünfoha, ein Schauspiel über den Alkohol" in der „Zimmerbühne in der Niederburg (www.zimmerbuehne.de)" Konstanz und in weiteren Orten rund um den Bodensee

2017 „Die Rückkehr des Ilbentrisch, ein szenisch-musikalischer Reigen" in Kooperation mit dem Stadttheater Konstanz